# READING POWER
## En Español

> **Historia de los deportes** <

# La historia del fútbol

## Anastasia Suen

The Rosen Publishing Group's
# Editorial Buenas Letras™
New York

Published in 2003 by The Rosen Publishing Group,Inc.
29 East 21st Street, New York, NY 10010

Copyright © 2003 by The Rosen Publishing Group, Inc.

**First Edition in Spanish 2003**
First Edition in English 2002

Book Design:Christopher Logan

Photo Credits: Cover, pp. 5–7, 11 © Bettman/Corbis; pp. 8–9
© Historical Picture Archive/Corbis; p. 10 © Corbis; pp. 12, 15, 18
© Reuters NewMedia Inc./Corbis; p. 13 © Hulton-Deutsch
Collection/Corbis; p. 17 © Reuters NewMedia Inc./Corbis; pp. 19,
20–21 © Duomo/Corbis; p. 20 (inset) © Wally McNamee/Corbis

Suen, Anastasia.
    La historia del fútbol / por Anastasia Suen; traducción al español:
    Spanish Educational Publishing
    p.cm. — (Historia de los deportes)
    Includes bibliographical references and index.
    ISBN 0-8239-6871-5 (lib.bdg.)
    1.Soccer —Juvenile literature.[1.Soccer—History. 2. Spanish Language
    Materials.] I.Title.

    GV943.25 .S92 2001
    796.334 —dc21
                                        2001000649

Manufactured in the United States of America

# Contenido

# Los primeros juegos

Los juegos de patear una pelota
tienen miles de años en todo
el mundo. Los mayas, los egipcios,
los griegos y los chinos fueron
de los primeros jugadores.

En esta obra de la Roma antigua un hombre y un niño juegan un juego de pelota.

# El fútbol en Inglaterra

En los años 1800, un juego de patear la pelota se hizo muy popular en Inglaterra. Lo jugaban en las escuelas.

En los años 1300,
el rey Eduardo III
suspendió el juego
porque era muy rudo.

Las reglas del juego eran distintas en cada ciudad. En 1863, un grupo de 11 equipos creó unas reglas para todos. El grupo se llamó *Football Association*.

## ¡ES UN HECHO!

En inglés, al fútbol
se le llama *soccer*.

Los integrantes de la asociación
se reunían en Londres.

# El fútbol en todo el mundo

Los marineros ingleses llevaron el fútbol a todo el mundo. Pronto se formaron asociaciones de fútbol en Europa y en todo América del Sur.

GRAN BRETAÑA

América del Norte

Europa

África

América del Sur

La Federación Internacional de Fútbol Asociación (FIFA) se fundó en 1904 para organizar todas las asociaciones de fútbol del mundo.

Partido de fútbol en los años 1920.

En 1930, se jugó el primer campeonato mundial, llamado la Copa del Mundo.

Los ganadores guardaban la Copa hasta el siguiente campeonato.

Jugaron equipos de 13 países.
La primera Copa del Mundo
la ganó Uruguay. El campeonato
se realiza cada cuatro años.

COPA DEL
MUNDO
1938

Inicio del partido final
por la Copa entre Italia
y Hungría en 1938.

Hoy juegan 32 países en la Copa del Mundo. Los partidos para seleccionar a los 32 mejores equipos de todo el mundo duran dos años.

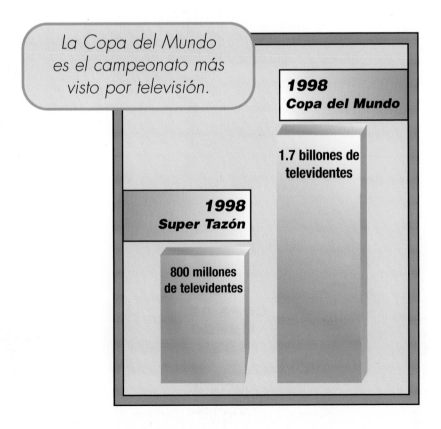

La Copa del Mundo es el campeonato más visto por televisión.

**1998**
**Copa del Mundo**

1.7 billones de televidentes

**1998**
**Super Tazón**

800 millones de televidentes

# El fútbol olímpico

El fútbol ha sido un deporte olímpico desde 1900. Ganar la medalla de oro es difícil porque el fútbol se juega en muchos países. Sólo Gran Bretaña y Hungría han ganado tres veces.

Los Estados Unidos y Japón jugaron en los cuartos de final de las Olimpíadas del 2000.

# La mujer en el fútbol

Las mujeres han jugado fútbol por muchos años. En 1991, los Estados Unidos ganó el primer campeonato de la Copa Mundial Femenil.

El equipo femenil de Estados Unidos también ganó la Copa en 1999.

En 1996, los Estados Unidos ganó la medalla de oro en la primera competencia de fútbol femenil en las Olimpíadas.

El equipo femenil de Estados Unidos jugó con China en las Olimpíadas del 2000.

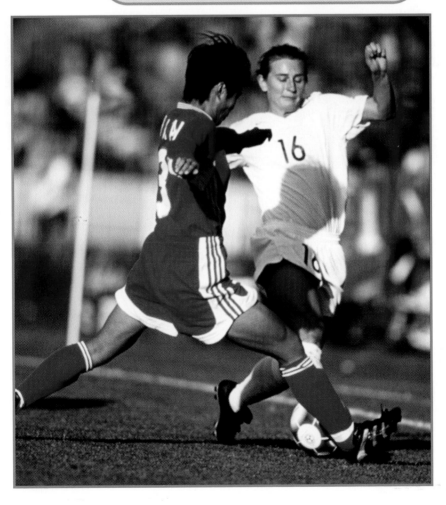

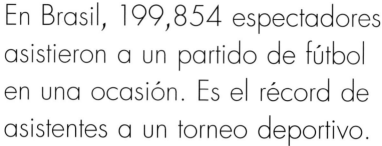

En Brasil, 199,854 espectadores asistieron a un partido de fútbol en una ocasión. Es el récord de asistentes a un torneo deportivo.

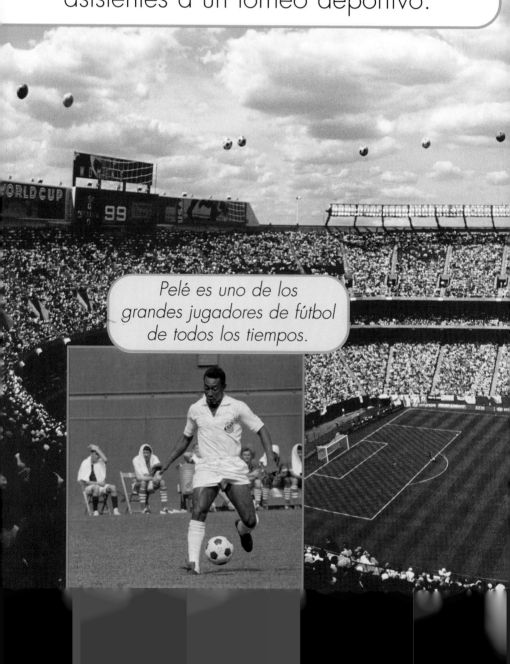

Pelé es uno de los grandes jugadores de fútbol de todos los tiempos.

En más de 200 países se juega fútbol. Existen cientos de equipos universitarios y profesionales. El fútbol es el deporte más popular en todo el mundo.

# Glosario

asociación (la) grupo organizado

campeonato (el) último partido de la
temporada de un deporte donde se elige
al ganador

Copa del Mundo (la) competencia donde se
elige al mejor equipo de fútbol del mundo
cada cuatro años

nacional de todo el país

profesional que se hace para ganarse la vida

# Recursos

## Libros
*Soccer*
Ivor Baddiel
Dorling Kindersley Publishing (1998)

*Kids' Book of Soccer: Skills, Strategies, and the
Rules of the Game*
Brooks Clark
Carol Publishing Group (1997)

## Sitios web
Debido a las constantes modificaciones en los
sitios de Internet, PowerKids Press ha desarrollado
una guía on-line de sitios relacionados al tema de
este libro. Nuestro sitio web se actualiza
constantemente. Por favor utiliza la siguiente
dirección para consultar la lista:

http://www.buenasletraslinks.com/hist/
soccersp/

# Índice

Número de palabras: 322

## Nota para bibliotecarios, maestros y padres de familia

Si leer es un reto, ¡Reading Power en español es la solución! Reading Power es ideal para lectores hispanoparlantes que buscan un nivel de lectura accesible en su propio idioma. Ilustrados con fotografías, estos libros presentan la información de manera atractiva y utilizan un vocabulario sencillo que tiene en cuenta las diferencias lingüísticas entre los lectores hispanos. Relacionando claramente texto con imágenes, los libros de Reading Power dan al lector todo el control. Ahora los lectores cuentan con el poder para obtener la información y la experiencia que necesitan en un ameno formato completamente ¡en español!

## Note to Librarians, Teachers, and Parents

If reading is a challenge, Reading Power is a solution! Reading Power is perfect for readers who want high-interest subject matter at an accessible reading level. These fact-filled, photo-illustrated books are designed for readers who want straightforward vocabulary, engaging topics, and a manageable reading experience. With clear picture/text correspondence, leveled Reading Power books put the reader in charge. Now readers have the power to get the information they want and the skills they need in a user-friendly format.